Hinein in den Sommer mit

Holunder, Erdbeere & Rhabarber

von

Martin Lagoda & Karl Newedel

fotografiert von Karl Newedel

Bassermann Inspiration

Inhalt

Willkommen im Sommer 8

Die Rezepte

Verführerische Erdbeeren 10
Rhabarber, das Multitalent 46
Zarte Blüten: Holunder 72

Rezeptverzeichnis nach Kapiteln 100
Alphabetisches Rezeptverzeichnis 102
Die Autoren 104
Impressum 106

Willkommen im

Dieses Buch lässt den Sommer noch schöner werden, denn hier verwöhnen die Autoren Martin Lagoda und Karl Newedel Sie mit den allerfeinsten Rezepten der ersten zarten Sommerboten mit großem Aroma: zarte Erdbeeren, eleganter Rhabarber und duftende Holunderblüten.

Erdbeeren sind Gottesgaben. Betören mit ihrem Rot die Sinne, schenken mit ihrem himmlischen Aroma wonnigliches Gaumenglück, und ihr köstlicher Saft tut auf wunderbare Weise wohl. Eine frisch gepflückte Erdbeere ist die pure Verführung zum Naschen. Gekrönt mit cremiger Sahne wird ihr niemand mehr widerstehen können und

Sommer!

in höchsten Sinnesfreuden schwelgen. Dabei weiß sie mit Vielfalt zu glänzen: in süßen Rezepten und herzhaften Finessen.

Welche Freude, wenn der erste Rhabarber die Sehnsucht nach erfrischenden Genüssen erfüllt! Verlockend rot, grün oder pink schmeicheln sich die knackigen Stangen augenblicklich ein und inspirieren mit ihrer deliziösen Säure zu lustvollen Tüfteleien in der Küche. Heraus kommen Rezepte für edle Desserts, göttliche Blechkuchen und pikante Delikatessen.

Betörend schön sind die zarten, weißen Blüten des Holunderstrauchs, unglaublich süß ihr betörendes Aroma. Wer einen Holunder am Haus hat, sollte sich glücklich schätzen, aber zum Glück gibt es auch viele wild wachsende Sträucher. Verfeinern Sie Ihren Honig, genießen Sie das Sorbet, das schon Charles Bronson bei einem Besuch in Deutschland begeistert hat, und verwöhnen Sie sich mit einem köstlichen, blütenreichen Minitörtchen.

Verführerische Erdbeeren

- » Muffinsblech
- » Papierförmchen

- » Für 12 Stück
- » Zubereitungszeit: 40 Minuten
- » Backzeit: 20 Minuten
- » Kühlzeiten: 2 Stunden

Für den Teig
100 g weiche Butter
150 g Zucker
1 Päckchen Vanillezucker
2 Eier (Größe M)
175 g Mehl
1 TL Backpulver
1 Prise Salz
3–4 EL Milch
150 g Erdbeeren

Für das Frosting
50 g Erdbeeren
60 g weiche Butter
60 g Frischkäse, Doppelrahmstrufe
350 g Puderzucker

Königliche Cupcakes

Meine Leidenschaft für diese Cupcakes grenzt schon an Sucht.

1 Butter, Zucker und Vanillezucker mit dem Küchengerät schaumig schlagen. Erst das eine Ei ½ Minute sorgfältig einarbeiten, dann das andere Ei.

2 Mehl, Backpulver und das Salz gut miteinander vermischen. Löffelweise in die Buttermischung rühren. Sollte die Masse zu fest werden, noch etwas Milch zugeben. Erdbeeren sehr klein schneiden und als letzten Schritt unterheben.

3 Den Backofen auf 175 °C (Umluft 150 °C) vorheizen. 12 Papierformen in die Mulden eines Muffinblechs setzen.

4 Den Teig in die Formen verteilen. 20 Minuten backen. Herausnehmen, Cupcakes auf ein Gitter setzen und auskühlen lassen.

5 Für das Frosting Erdbeeren sehr fein schneiden. Butter und Frischkäse cremig verrühren, dann den Puderzucker unterrühren. Zum Schluss die Erdbeeren unterheben. Etwa 1 Stunde kalt stellen.

6 Frosting in einen Spritzbeutel mit großer Tülle füllen und dekorativ auf das Gebäck spritzen. Alles noch einmal kühl stellen, bis das Frosting ganz fest ist.

Mein Tipp
Frosting lässt an Eistorte denken, bedeutet aber so viel wie Zuckerguss. Man kann den englischen Begriff auch mit „Eisblume" übersetzen.

» Für 4 Portionen
» Zubereitungszeit: 1 Stunde

Für die Schokoladenborke
200 g Zartbitterschokolade
200 g helle Schokolade

Für das Dessert
400 g Erdbeeren
3 EL Ahornsirup
50 g Zartbitter-Schokolade
250 g Magerquark
35 g Zucker
1 Päckchen Vanillezucker
25 g Baiser
4 TL Krokant
4 TL gehackte Pistazien
100 g Schlagsahne

Knusperbecher mit Schokoborke

Damit lässt sich auch ein Sonntagsfrühstück versüßen.

1 Für die Schokoborke die helle und Zartbitterschokolade getrennt schmelzen (am besten im Wasserbad). In jeweils vier Portionen eine dünne, zungenförmige Schicht auf eine glatte, kalte Fläche (z. B. Marmor) gießen. Erstarren lassen. Schokolade mit einem Spachtel oder scharfkantigen Pfannenwender behutsam von der Fläche abschieben, so dass eine zimtstangenähnliche Rolle möglichst an einem Stück entsteht.

2 Für die Becherfüllung Erdbeeren in Stücke schneiden. Mit Ahornsirup verrühren und 10 Minuten unter gelegentlichem Umrühren ziehen lassen. Zartbitterschokolade grob hacken. Quark mit Zucker und Vanillezucker verrühren. Baiser zerbröseln und mit Krokant und Pistazien mischen.

3 Die Sahne steif schlagen und behutsam unter den Quark heben. Erdbeeren, Quark, Schokolade und Baiser-Mischung nacheinander in 4 Gläser schichten. Jeweils ein helles und ein dunkles Stück Schokoborke hineinstecken.

Mein Tipp
Wer die Schokoborke nicht selbst herstellen möchte, schält mit einem Messer oder Sparschäler möglichst dicke Späne von der hellen und dunklen Schokolade ab. Dann dauert die Zubereitung insgesamt nur noch eine gute halbe Stunde.

» Ergibt 2 Gläser à 430 ml
» Zubereitungszeit: 1 3/4 Stunden

1 grüner Apfel
500 g Erdbeeren
3 EL Limettensaft
125 ml stilles Mineralwasser
175 g Zucker
abgeriebene Schale von
1 unbehandelten Orange
4 EL Wodka

Süßer Erdbeeraufstrich für Erwachsene

Eigentlich wollten wir ein Glas für später aufbewahren, aber keine Chance – nach wenigen Tagen war schon nichts mehr übrig.

1 Apfel schälen, entkernen und fein würfeln. Erdbeeren halbieren und zusammen mit Apfel, Limettensaft und Mineralwasser in einem Topf vermischen. 30 Minuten ruhen lassen.

2 Den Inhalt des Topfs langsam aufkochen. Zucker und Orangenschale zufügen und köcheln lassen, bis die Masse eine sirupartige Konsistenz erreicht hat. Das dauert etwa 1 Stunde, zwischendurch regelmäßig umrühren, damit nichts ansetzt.

3 Den Wodka einrühren und alles noch 5 Minuten ziehen lassen.

4 Während der Kochzeit Gläser sterilisieren oder sehr heiß ausspülen. Den heißen Aufstrich sauber einfüllen und die Gläser sofort verschließen. Dann die Gläser am besten nicht mehr bewegen, weil sie brechen könnten. Bei Zimmertemperatur abkühlen lassen.

Mein Tipp
Als Brotaufstrich ein Genuss und zusammen mit weiteren Fruchtstückchen in Quark oder Joghurt gerührt eine feine Extra-Mahlzeit für zwischendurch. Wegen des möglicherweise vorhandenen Alkoholrestes leider nichts für Kinder!

Erdbeer-Champagner-Cocktail

» Für 1 Glas
» Zubereitungszeit: 2 Minuten

2 cl Erdbeersirup
4 cl Ananassaft
1 cl Pfirsichlikör
2 cl Weinbrand
Eiswürfel
gut gekühlter Champagner (oder trockener Sekt) zum Auffüllen
1 Erdbeere mit Grün für die Deko

1 Sirup, Saft, Pfirsichlikör, Weinbrand und Eiswürfel in einen Shaker geben und gut durchschütteln. In ein Champagnerglas abseihen und mit Champagner auffüllen. Die Erdbeere auf den Glasrand stecken.

Erdbeerlikör

» Für 1 Liter
» Ziehzeit: 6–8 Wochen

300 g reife, weiche Erdbeeren
300 g weißer Kandis
1 Vanilleschote
1 Flasche Rum oder Cognac (700 ml)

1 Für den Erdbeerlikör alle Zutaten in eine bauchige Flasche füllen und verschlossen 6–8 Wochen an einem dunklen, kühlen Ort ruhen lassen. Durch ein Sieb abfiltern.

Mein Tipp
Die abgefilterten Erdbeeren für einen Eisbecher oder einfach zum Schlemmen mit Schlagsahne aufbewahren!

» Ergibt 12 Stück
» Zubereitungszeit: 50–60 Minuten
» Backzeit: 25 Minuten

Für die Windbeutel
125 ml l Milch
100 g Butter
1 Prise Salz
200 g Mehl
¼ TL Backpulver
4 Eier (Größe M)
Puderzucker zum Bestäuben

Für die Füllung
400 g Erdbeeren
4 TL Erdbeerlikör oder -sirup (siehe Seite 18)
600 ml Sahne
2 Tüten Vanillezucker

Windbeutel mit Erdbeerlikör

Windbeutelbacken inspiriert. Plötzlich sprudeln nur so die Ideen, wie man dieses zarte Gebäck süß und herzhaft füllen kann.

1 Für die Windbeutel Milch, 125 ml Wasser, Butter und Salz in einem Topf aufkochen. Mehl und Backpulver auf einmal einrühren. Weiterrühren, bis sich der kloßartig gewordene Teig vom weißlichen Topfboden löst. Teig sofort in eine Schüssel geben. Mit dem elektrischen Handrührer auf höchster Stufe die Eier Stück für Stück sehr gut einarbeiten. Der Teig sollte glänzen.

2 Den Teig in einen Spritzbeutel mit großer Sterntülle füllen und 12 etwa tennisballgroße Rosetten auf 2 mit Backpapier ausgelegte Bleche spritzen. Ofen auf 225 °C (Umluft: 200 °C) vorheizen. Bleche jeweils für 20–25 Minuten in den Ofen schieben. Herausnehmen und von den heißen Windbeuteln sofort einen Deckel abschneiden. Abkühlen lassen.

3 Für die Füllung in der Zwischenzeit die Hälfte der Erdbeeren pürieren, die andere Hälfte fein würfeln. Püree und Würfel mit Likör (oder Erdbeersirup) vermischen. Sahne mit Vanillezucker sehr steif schlagen. Erdbeermischung auf die unteren Windbeutelhälften löffeln und darauf die Sahne verteilen. Die Deckel aufsetzen und mit Puderzucker bestäuben.

» Für 6 Portionen
» Zubereitungszeit 35–45 Minuten
» Kühlzeit: 4 Stunden

1 Vanilleschote
200 ml Bénédictine (Likör), ersatzweise Curaçao- oder Orangenlikör
5 Blatt weiße Gelatine
250 g Sahne
150 g Puderzucker
1 Eigelb (Größe M)
200 g Sahnejoghurt
500 g Erdbeeren
Zitronenverbene oder -melisse

Erdbeersalat mit Likör

Bénédictine ist ein aromatischer Kräuterlikör, bestehend aus 27 Kräuter- und Gewürzauszügen sowie Zucker und Honig.

1 Die Vanilleschote aufschlitzen und das Mark herausschaben. Benedictine erhitzen, das Mark hineingeben und 1–2 Minuten ziehen lassen. Durch ein feines Sieb geben. Nur leicht abkühlen lassen. Gelatine in kaltem Wasser einweichen.

2 Die Sahne mit 25 g Puderzucker steif schlagen und kalt stellen. Eigelb und 100 g Puderzucker mit dem elektrischen Handrührer cremig aufschlagen. Den warmen Benedictine nach und nach einarbeiten.

3 Die Gelatine ausdrücken und in der warmen Creme auflösen. Nun die Creme so lange abkühlen lassen, bis sie zu gelieren beginnt. Dann Joghurt und Sahne unterheben.

4 Dessertschälchen kalt ausspülen und die Creme einfüllen. Mit Frischhaltefolie bedecken und für mindestens 4 Stunden in den Kühlschrank stellen, bis die Creme fest geworden ist.

5 Die Hälfte der Erdbeeren mit restlichem Puderzucker pürieren und durch ein Sieb streichen. Restliche Erdbeeren vierteln und behutsam mit dem Püree mischen.

6 Die Creme auf Dessertteller stürzen. Die Erdbeeren ringförmg anlöffeln und die Kräuterblättchen dekorativ aufsetzen.

Mein Tipp
Damit das Stürzen auf Anhieb gelingt, die Förmchen kurz in heißes Wasser tauchen, dabei löst sich die Creme vom Boden. Anschließend mit einem kleinen Messer innen an den Rändern entlangfahren, damit nichts anhaftet.

» Für 1 Bowlenschüssel
» Zubereitungszeit: 20 Minuten
» Kühlzeit: 3–5 Stunden

3 Nektarinen
400 g Erdbeeren
200 g Zucker
1 unbehandelte Orange
500 ml gut gekühlter Campari
1 l gut gekühltes Tonic Water
750 ml gut gekühlter, halbtrockener Sekt
200 ml gut gekühlter Wodka

Erdbeerbowle à la Campari

Bowlen sind wunderbar. So abwechslungsreich und einfach.

1 Die Nektarinen halbieren, vom Stein befreien und die Hälften in Segmente schneiden, die Erdbeeren halbieren. Nektarinen und Erdbeeren in ein Bowlengefäß geben und mit dem Zucker mischen. 20 Minuten ruhen lassen.

2 Die Orange in Scheiben schneiden und mit dem Campari zu den Erdbeeren geben, durchmischen und für 3–5 Stunden kühl stellen.

3 Tonic, Sekt und Wodka angießen und die Bowle in Gläser schöpfen.

Mein Tipp
Die Bowle wird alkoholärmer, wenn Sie den Wodka durch eine Flasche alkoholreduzierten oder alkoholfreien Wein ersetzen. Bei normalem Weißwein würde sich die Alkoholmenge jedoch kaum verändern.

» Springform, 26 cm Durchmesser

» Für 6–8 Stücke
» Zubereitungszeit: 1 Stunde
» Backzeit: 20 Minuten
» Kühlzeit: 1 Stunde

Für den Teig
1,5 Rollen fertiger Blätterteig aus dem Kühlregal (ca. 420 g)
Wasser oder Eiweiß
500 g Trockenerbsen zum Blindbacken

Für die Creme
1 Päckchen Mandel-Puddingpulver
75 g Zucker
500 ml Milch
250 g Magerquark
25 g weiche Butter

Für den Belag
400 g Erdbeeren
3–4 EL Mandelblättchen
Puderzucker
3 EL Erdbeerkonfitüre

Erdbeerblätterteigtorte

Diese Torte ist ein Traum aus zart-knusprigem Blätterteig, cremigem Pudding und aromatischen Erdbeeren.

1 Für den Teig die Blätterteigstücke jeweils an einer der längeren Kanten mit Wasser oder Eiweiß befeuchten. Die Kanten auf einer bemehlten Arbeitsfläche zusammendrücken, so dass sich ein großes Stück ergibt. Einen Kreis von ca. 32 cm Durchmesser ausstechen. Die Springform einfetten und den Teigkreis so in die Form legen, dass ein gleichmäßiger Rand hoch steht.

2 Den Boden mit einer Gabel mehrmals einstechen. Das Backpapier auf den Teig legen und die Erbsen darauf verteilen. Den Backofen auf 200 °C (175 °C Umluft) vorheizen und den Boden 18–20 Minuten backen. Den Boden herausnehmen, Backpapier und Erbsen entfernen und den Boden auskühlen lassen.

3 Für die Creme aus Puddingpulver, Zucker und Milch nach Packungsanleitung einen Pudding kochen. Etwas abkühlen lassen, dabei gelegentlich umrühren. Quark und Butter unterrühren. Die Creme auf den Boden streichen und mit Frischhaltefolie bedecken, damit sich keine Haut bildet. Abkühlen lassen.

4 Für den Belag die Erdbeeren halbieren und auf die Creme setzen. Die Torte ca. 1 Stunde kalt stellen.

5 Die Mandeln ohne Fett in einer Pfanne goldbraun rösten und mit Puderzucker bestäuben. Die Erdbeerkonfitüre mit 2 EL Wasser glatt rühren, aufkochen und durch ein Sieb streichen. Die Torte damit beträufeln und mit den Mandeln bestreuen.

» Auflaufform

» Für 6 Portionen
» Zubereitungszeit: 35 Minuten
» Backzeit 20 Minuten

6–8 Haselnusskerne
ca. 1 EL Mandeln
75 g brauner Rohrzucker
75 g Mehl
3 EL Haferflocken
100 g kalte Butter
1 Prise Salz
750 g Erdbeeren
Butter für die Form
Puderzucker

Crispy Crumble mit Haselnüssen

Crumbles, diese Kombination aus Frucht und knusprigen Streuseln, sind der Hit als Dessert.

1 Nüsse und Mandeln hacken. Mit Zucker, Mehl, Haferflocken, Butter und Salz vermischen. Mit den Fingern zu einem bröseligen Teig verarbeiten. Die Erdbeeren halbieren.

2 Den Backofen auf 200 °C (180 °C Umluft) vorheizen. Die Erdbeeren in eine gefettete Auflaufform geben und den Teig darüber verteilen. Für ca. 20 Minuten in den Backofen schieben. Mit Puderzucker bestreuen und servieren.

Mein Tipp
Erdbeeren vor dem Backen für einige Minuten in Mandellikör marinieren oder, wenn der Crumble keinen Alkohol enthalten soll, in Ahornsirup schwenken.

» Für 4 Portionen
» Zubereitungszeit: 35–40 Minuten
» Kühlzeit: 2 Stunden

700 g Erdbeeren
200 ml Orangensaft, am besten frisch gepresst
50 ml Zitronensaft
½ Vanilleschote
100 g Zucker
Schalenabrieb von 1 unbehandelten Limette
150 g Sahne
1 TL Puderzucker
4 Kugeln Pistazieneis

Erdbeerkaltschale

An heißen Tagen ist diese Kaltschale das ideale Mittagessen.

1 500 g Erdbeeren mit Orangen- und Zitronensaft pürieren. Die restlichen Erdbeeren klein schneiden und beiseite stellen.

2 Die Vanilleschote aufschlitzen und ausschaben. 500 ml Wasser, Zucker und Limettenschale zusammen mit der gesamten Vanille in einem Topf kurz aufkochen lassen. Abkühlen lassen und durch ein Sieb zu den pürierten Erdbeeren geben. Die restlichen Erdbeeren ebenfalls zufügen. Mindestens 2 Stunden kühl stellen.

3 Die Sahne mit Puderzucker steif schlagen und in einen Spritzbeutel füllen. Die Erdbeerkaltschale in tiefe Teller verteilen. In die Mitte je 1 Kugel Eis geben. Mit der Sahne dekorative Tupfen aufsetzen.

Mein Tipp
Vanillezucker lässt sich leicht selbst herstellen. Dazu 3 Vanilleschoten aufschlitzen und mit 500 g Zucker in einem Glas mischen. Glas verschließen und einige Wochen abwarten, bis das Aroma in den Zucker übergegangen ist.

» Für 8 Stück
» Zubereitungszeit: 40–45 Minuten
» Backzeit: 15 Minuten

1 Ei (Größe M)
125 g Sahne
100 g Feinster Zucker
330 g Mehl plus Mehl zum Ausrollen
½ TL Salz
1 EL Backpulver
125 g kalte Butter

1 Eiweiß
2–3 EL Sesamsaat
400 g Erdbeeren
2 EL Zitronensaft
1 Päckchen Dessertsaucenpulver Vanille ohne Kochen
300 ml Sahne
Puderzucker zum Bestreuen

Erdbeerburger

Diese Burger werden nicht nur Kinder begeistern.

1 Das Ei mit der Sahne verquirlen. 60 g Zucker, Mehl, Salz und Backpulver mischen. Zuckermischung und die Butter in Stücken zusammen mit dem elektrischen Handrührer verkneten. Dabei nach und nach die Eiersahne einarbeiten. Es soll ein geschmeidiger, glatter Teig entstehen. Eiweiß leicht verquirlen.

2 Nun den Teig auf einer bemehlten Arbeitsfläche 2 cm dick ausrollen. Mit einem Metallring oder einer Tasse 8 Scheiben von ca. 7 cm Durchmesser ausstechen. Den Ofen auf 220 °C (200 °C Umluft) vorheizen.

3 Die Scheiben auf ein mit Backpapier ausgelegtes Blech legen, mit Eiweiß bepinseln und mit Sesam bestreuen. Im Ofen ca. 15 Minuten backen und herausnehmen.

4 In der Zwischenzeit 200 g Erdbeeren mit Zitronensaft und 20 g Zucker fein pürieren. Anschließend das Dessertsaucenpulver einrühren. Restliche Erdbeeren in Scheiben schneiden und behutsam mit restlichen 20 g Zucker mischen. Sahne steif schlagen und das Erdbeerpüree locker unterziehen.

5 Die Burger wie Brötchen aufschneiden. Die Hälfte der Erdbeerscheiben auf die unteren Hälften der Burger verteilen, darauf die Erdbeersahne streichen und die restlichen Erdbeerscheiben auf die Sahne legen. Obere Burgerhälften auflegen. Zum Schluss mit Puderzucker bestäuben.

» Für 6–8 Stücke
» Zubereitungszeit: 60 Minuten
» Backzeit: 20 Minuten
» Springform, 26 cm Durchmesser

Für den Boden
100 g Butter
60 g Zucker
200 g Mehl
1 Prise Salz
1 Ei (Größe M)
Butter zum Einfetten

Für den Belag
500 g Quark, 20 % Fett
30 g gemahlene Haselnüsse
2 EL Zucker
2 Eigelb
6 Scheiben Ananas aus der Dose
400 ml Schlagsahne
1 Päckchen Vanillezucker
600 g Erdbeeren

Ananas-Erdbeer-Quarktorte

Eine Variante für Erwachsene: Schlagen Sie die Sahne cremig und fügen Sie statt des Vanillezuckers 2 EL Eierlikör hinzu, dann steif schlagen.

1 Für den Boden alle Zutaten zu einem glatten Teig verkneten. Die Springform einfetten. Den Teig rund auf 32 cm Durchmesser ausrollen. In die Form betten und einen kleinen Rand hochziehen. Den Boden mit einer Gabel mehrfach einstechen. Ofen auf 200 °C (180 °C Umluft) vorheizen. Den Boden 20 Minuten backen. Herausnehmen und abkühlen lassen.

2 Für den Belag in der Zwischenzeit Quark, Nüsse, Zucker und Eigelb verrühren. 4 Ananasscheiben etwa in die Größe von Erdbeeren teilen. Die restliche Ananas sehr klein schneiden, abtropfen lassen und unter den Quark mischen.

3 Die Sahne mit Vanillezucker sehr steif schlagen und ¾ davon unter die Quark-Ananas-Mischung heben. Die Creme auf den erkalteten Boden streichen.

4 Die Erdbeeren halbieren und mit den restlichen Ananasstücken gemischt auf der Torte verteilen. Die restliche Schlagsahne in Tupfen aufsetzen.

Mein Tipp
Wenn Sie frische Ananas verwenden, sollten Sie diese 1 Minute in kochendem Wasser blanchieren – ansonsten setzen Ananasenzyme Bitterstoffe aus den Milchprodukten frei.

» Für 10 Portionen
» Zubereitungszeit: 35–45 Minuten
» Kühlzeit: 10 Stunden

300 g Erdbeeren, außerdem
10 schöne Erdbeeren zum Anrichten
2 Päckchen Vanillezucker
9 Blatt weiße Gelatine
Saft von 2 Limetten
150 g Puderzucker
500 ml Buttermilch
150 g Joghurt
2 EL Honig
400 ml Sahne
100 g Mandelstifte
100 g brauner Zucker

Erdbeermousse mit Karamellmandeln

Karamell ist köstlich, muss aber behutsam gemacht werden, denn der Zucker kann schnell verbrennen.

1 300 g Erdbeeren in kleine Stücke schneiden. Mit Vanillezucker in einer Schüssel vermischen und beiseite stellen.

2 Die Gelatine nach Packungsangabe in kaltem Wasser einweichen. Den Limettensaft in einem Topf erwärmen. Gelatineblätter ausdrücken und im warmen Limettensaft auflösen, evtl. wenig warmes Wasser zugeben.

3 Den Puderzucker durch ein Sieb in die Buttermilch geben und darin auflösen. Joghurt und Honig in der Buttermilch verrühren. Die Erdbeeren mit dem Vanillezucker fein pürieren und in die Buttermilchmischung geben.

4 Die Limetten-Gelatine in der Buttermilch-Erdbeermischung verrühren. Die Sahne sehr steif schlagen und mit dem Schneebesen unterrühren. In eine Schüssel füllen, abdecken und über Nacht kalt stellen.

5 In einer Pfanne Zucker in 1 EL Wasser auflösen und so lange rühren, bis sich ein goldener Sirup ergibt. Die Mandeln einrühren. Wenn sie vollständig von Sirup überzogen sind, zum Abkühlen auf Backpapier ausbreiten, aufpassen, dass sie nicht aneinanderkleben.

6 Die zurückgelegten 10 Erdbeeren in dünne Scheiben schneiden und ringförmig auf Desserttellern auslegen. Von der Mousse mit einem Löffel Nocken abstechen und in die Mitte des Tellers setzen. Mit den Mandeln bestreuen.

» Für 4 Stück
» Zubereitungszeit: 30–40 Minuten
» Geh- und Backzeiten: 70–80 Minuten

Für den Teig
ca. 20 g frische Hefe (½ Würfel)
220 ml lauwarme Vollmilch
350 g Mehl
1 EL Zucker
100 g gemahlene Mandeln
1 kleine Prise Salz
2 EL weiche Butter
Mehl zum Ausrollen

Für den Belag
550 g Erdbeeren
2 EL Puderzucker
16 Mozzarella-Kügelchen
4 EL brauner Zucker
3 EL gehackte Mandeln
3–4 Zweige Basilikum

Erdbeerpizza

Kinder lieben diese Pizza, aber sie müssen schnell sein, denn sonst haben die Erwachsenen schon alles auf ihren Tellern.

1 Für den Teig die Hefe zwischen den Händen zerbröseln. Mit etwas Milch, etwas Mehl und dem Zucker zu einem zähflüssigen Vorteig verrühren. Den Vorteig abdecken und 15–20 Minuten an einem warmen, zugfreien Ort gehen lassen.

2 Die Reste von Milch und Mehl zusammen mit Mandeln, Salz, Butter und dem Vorteig zu einem glatten, geschmeidigen Teig verkneten. Eventuell noch etwas Milch oder Mehl zufügen. Den Teig abdecken und an einem warmen Ort 45–50 Minuten aufgehen lassen. Noch einmal kurz durchkneten und vierteln. Jedes Viertel auf einer bemehlten Arbeitsfläche zu einer Pizza ausrollen. Die Pizzas auf zwei mit Backpapier ausgelegte Backbleche legen.

3 Für den Belag 250 g Erdbeeren kleinschneiden und mit Puderzucker in einem Topf 10 Minuten bei mittlerer Hitze köcheln lassen. Anschließend pürieren und durch ein feines Sieb streichen. Abkühlen lassen.

4 Den Backofen auf 200 °C Umluft vorheizen. Die Pizzas mit Erdbeersauce bestreichen, die halbierten Mozzarellakugeln darauf verteilen und Zucker und Mandeln aufstreuen, dann ca. 10 Minuten backen.

5 Die restlichen Erdbeeren in Scheiben schneiden, die Basilikumblätter abzupfen und grob zerpflücken. Die Pizzas mit den Erdbeerscheiben belegen und mit Basilikum bestreuen.

Mein Tipp

Ein Teig aus frischer Hefe schmeckt immer noch am allerbesten. Wer sich aber die Mühe mit dem Vorteig sparen möchte, nimmt statt der frischen Hefe 1 Tüte Trockenhefe und bereitet den Teig mit allen Zutaten gleich ab Arbeitsschritt 2 zu.

» Für 6 Portionen
» Zubereitungszeit: 30 Minuten

50 g Cashewkerne
50 g Mandeln
1 TL Korianderkörner
5 EL Zucker
8–9 EL Balsamicoessig
1 Messerspitze Cayennepfeffer
200 g Rucola
300 g Erdbeeren
800 g Mozzarella
1 TL feines Meersalz

Pikanter Cashew-Mozzarella-Salat

Ich bin immer wieder überrascht, wie gut sich Erdbeeren mit einem Hauch Schärfe vertragen.

1 Cashewkerne und Mandeln mischen, hacken und in einer Pfanne ohne Fettzugabe rösten, bis sie Farbe annehmen und duften. Herausnehmen und beiseite stellen. Die Korianderkörner im Mörser zerstoßen, ebenfalls kurz anrösten und beiseite stellen.

2 Den Zucker in die Pfanne geben und bei mittlerer bis starker Hitze rühren, bis er flüssig und hellbraun wird. Mit 200 ml Wasser und 8 EL Balsamicoessig ablöschen. Cayennepfeffer zufügen und alles 10 Minuten köcheln lassen, bis sich eine sirupartige Konsistenz ergeben hat. Abkühlen lassen.

3 Den Rucola von harten Stielen befreien, die Erdbeeren halbieren und auf den Rucola setzen. Den Mozzarella in Scheiben schneiden und alles auf Tellern arrangieren.

4 Die Mandel-Cashew-Mischung und den Koriander in den Sirup geben. Mit Salz würzen und noch einmal abschmecken. Die Mischung auf den Mozzarella löffeln. Dazu passt knuspriges Baguette.

Mein Tipp
Dieser Salat ist eine gute Idee für eine Vorspeise. Oder man arrangiert ihn auf einer Platte als Teil eines Büfetts.

» Für 4 Personen
» Zubereitungszeit: 25–30 Minuten

Für das Fleisch
2 Hähnchenbrustfilets
Salz
Pfeffer
Pflanzenöl oder Butter zum Braten
mildes Currypulver oder Tandoori-Gewürzmischung

Für den Salat
800 g Erdbeeren
2 Avocados
3 EL Zitronensaft
1 Kopfsalat
4 EL Walnussöl
2 EL Balsamico-Essig
2 EL Ahornsirup
Salz, Pfeffer
Basilikumblättchen (oder Kapuzinerkresse)

Salat mit Avocado und Hähnchenbrust

Avocado ist erstaunlich vielseitig, lecker und gesund. Dieser Salat ist also rundum perfekt.

1 Die Hähnchenbrustfilets mit Salz und Pfeffer würzen und bei mäßiger Hitze in heißem Öl ca. 8 Minuten von jeder Seite braten. Zum Schluss mit einem Hauch Curry bestäuben und mit Bratfett begießen. Noch einen Moment in der warmen Pfanne ruhen lassen. Vor dem Anrichten in Streifen schneiden.

2 Die Erdbeeren halbieren oder vierteln. Die Avocados schälen und den Kern entfernen. Das Avocadofleisch in kleine Stücke schneiden und mit Zitronensaft beträufeln, damit es hell bleibt.

3 Die Außenblätter des Salats entfernen und die Innenblätter zu kleineren Stücken zupfen. Vier Teller mit den Blättern auslegen.

4 Für das Dressing Öl, Essig, Ahornsirup, Salz und Pfeffer mixen. Erdbeeren und Avocados auf den Salatblättern verteilen und mit dem Dressing beträufeln. Die Hähnchenfleischstreifen darauf geben. Mit Basilikum servieren.

Mein Tipp
Vegetarier braten sich statt des Fleisches in Streifen geschnittenen Halloumi-Käse. Er kann wie das Hähnchen gewürzt werden und bleibt nur so lange in der Pfanne, bis er die gewünschte Bräunung erreicht hat.

» Für 2 Einmachgläser à 300 ml
» Zubereitungszeit: 50 Minuten

1 Bund Basilikum
1 rote Chilischote (je größer, desto milder)
300 g Erdbeeren
1 gelbe Paprika
500 g Gemüsezwiebeln
3 EL Öl
½ TL Salz
½ TL Zucker
grober Pfeffer
¼ l Weinessig
4–5 EL Ahornsirup

Erdbeerrelish

Ich habe dieses Relish zur Käseplatte probiert. Umwerfend gut!

1 DieBasilikumblätter abzupfen. Die Chilischote aufschlitzen, die weißen Kerne herausschaben und das Fruchtfleisch sehr fein schneiden.

2 Die Erdbeeren fein würfeln, Paprika ebenfalls fein würfeln und die geschälte Zwiebel längs halbieren und in halbmondförmige Streifen schneiden.

3 Zwiebel in Öl mit Salz, Zucker und Pfeffer glasig andünsten. Chili, Paprika und Erdbeeren einrühren. 6–8 Minuten weiterdünsten und dann Essig, Ahornsirup und Basilikumblätter zufügen. Unter weiterem Rühren geduldig sanft köcheln lassen, bis alles etwas eindickt. Noch einmal abschmecken, das Relish soll ein ausgewogenes Süße-Säure-Verhältnis haben.

4 Heiß in die heiß ausgespülten Gläser füllen und die Gläser sofort verschließen. Beiseite stellen und in Ruhe abkühlen lassen. Dann im Kühlschrank aufbewahren. Dieses Relish passt wunderbar zu gebratenem Fleisch.

Mein Tipp
Kein Basilikum zu Hand? Macht nichts, denn Sie können ebenso gut Schnittlauch, Petersilie, Thymian oder Rosmarin verwenden. Die beiden letztgenannten Kräuter eher sparsam dosieren!

Rhabarber,
das Multitalent

» Für 10–12 Stück
» Zubereitungszeit: 70–80 Minuten

Für die Eclairs
250 ml Wasser
½ TL Salz
100 g Butter
150 g Mehl
4 Eier (Größe M)

Für die Füllung
500 g Rhabarber
150 ml Weißwein
5 EL Zucker
½ Päckchen Vanillezucker
400 g Sahne
Puderzucker zum Bestäuben

Zarte Eclairs mit Rhabarbersahne

Wenn ein sahniges Eclair länger als fünf Minuten auf dem Tisch steht, muss man es schon als alt bezeichnen.

1 Für die Eclairs Wasser mit Salz aufkochen. Die Butter in dem heißen Wasser schmelzen lassen und unter ständigem Rühren das Mehl auf einmal hineingeben. So lange rühren, bis der Topfboden weiß wird und sich ein Teigkloß bildet. Den Kloß sofort in eine Rührschüssel geben und die Eier nacheinander jeweils sorgfältig mit dem elektrischen Handrührgerät einarbeiten.

2 Den Ofen auf 200 °C (180 °C Umluft) vorheizen. Den Teig in einen Spritzbeutel mit breiter Tülle füllen. Auf ein mit Backpapier ausgelegtes Blech fingerlange Streifen spritzen. 20–25 Minuten backen. Herausnehmen und die Eclairs sofort längs halbieren.

3 Für die Füllung den Rhabarber in kleine Stücke schneiden, im Wein mit Zucker 5–6 Minuten weich kochen, herausnehmen und die Flüssigkeit sirupartig einkochen. Den Rhabarber wieder zufügen und mit Vanillezucker zu Mus verrühren. Abkühlen lassen.

4 Unmittelbar vor dem Füllen der Eclairs die Sahne sehr steif schlagen. Den Rhabarber unter die geschlagene Sahne heben, diese auf die unteren Hälften des Gebäcks verteilen und die obere Hälfte aufsetzen. Mit Puderzucker bestäuben.

Mein Tipp
Das Gebäck unbedingt heiß aufschneiden, da es sonst leicht bricht.

» Für 6–8 Stücke
» Zubereitungszeit: 40 Minuten
» Springform, 26 cm Durchmesser
» Backzeit: 35–40 Minuten

Für den Teig
200 g Mehl
2 TL Backpulver
100 g Magerquark
50 g Zucker
1 Prise Salz
1 Ei
3 EL Milch
3 EL Öl
Butter zum Einfetten
Mehl für die Arbeitsfläche

Für den Belag
3–4 EL Kokosflocken
8 Rhabarberstangen

Für den Guss
70 g Sahne
70 ml gezuckerte Kokosmilch
2 Eier (Größe L)
1 EL Zucker

Rhabarber-Kokos-Tarte

Junger Rhabarber ist so zart, dass man ihn nicht abziehen muss. Rotstielige Sorten schmecken milder als die grünstieligen.

1 Für den Teig Mehl mit Backpulver in einer Schüssel mischen. Quark, Zucker, Salz, Ei, Milch und Öl nacheinander zugeben und alles zu einem glatten Teig verarbeiten.

2 Die Springform mit Butter einfetten. Teig auf einer bemehlten Arbeitsfläche etwas größer als die Springformfläche ausrollen. In die Form legen und Rand andrücken.

3 Für den Belag den Rhabarber abziehen und in 1–2 cm große Stücke schneiden. Die Kokosflocken auf den Teig streuen, den Rhabarber darauf verteilen. Den Backofen auf 180 °C (160 °C Umluft) vorheizen.

4 Für den Guss Sahne, Kokosmilch, Eier und Zucker verquirlen. Auf der Tarte verteilen und den Kuchen ca. 35–40 Minuten backen. Herausnehmen und lauwarm genießen.

Mein Tipp
Kokosmilch ist einfach selbst zu machen. 100 g Kokosflocken aus dem Backregal mit 500 ml kochendem Wasser übergießen und im Standmixer auf höchster Stufe mixen, kurz ziehen lassen und erneut kurz mixen. Durch ein Sieb abgießen und alles Flüssige kräftig aus den Flocken herausdrücken. Schmeckt viel besser als gekaufte.

» Für 8–12 Stücke
» Zubereitungszeit: 55–65 Minuten
» Ruhezeit: 1 Stunde

Für den Teig
300 g Mehl
1 Päckchen Backpulver
6 Eier (Größe M)
250 g Feinster Zucker
150 g sehr weiche Butter
1 Prise Salz
6 EL Sahne

Für den Belag
1,5 kg Rhabarber
250 g Zucker
1 Päckchen Vanille-Puddingpulver
500 ml Milch
ca. 150 g Johannisbeergelee
30–40 g gehackte Pistazien

Rhabarberkuchen mit Vanillecreme

Blechkuchen sind einfach zu machen, reichen für viele Personen und schmecken köstlich!

1 Für den Teig das Mehl mit Backpulver mischen. Die Eier schaumig rühren, dabei den Zucker einrieseln lasen. Butter, Mehl, Salz und Sahne einrühren und einen glatten Teig herstellen.

2 Den Ofen auf 210 °C (190 °C Umluft) vorheizen. Den Teig auf ein mit Backpapier belegtes Blech streichen und 15 Minuten backen.

3 Für den Belag den Rhabarber abziehen und in 1 cm große Stücke schneiden. Mit Zucker vermischen und 1 Stunde ruhen lassen. In ein Sieb geben und gut abtropfen lassen.

4 Das Puddingpulver mit Milch nach Packungsangabe zu einem Pudding kochen. Etwas abkühlen lassen.

5 Den Ofen wieder auf 210 °C (190 °C Umluft) vorheizen. Den Pudding auf den Kuchenboden streichen, den Rhabarber gleichmäßig darauf verteilen. Weitere 10–15 Minuten backen, herausnehmen und abkühlen lassen.

6 Das Johannisbeergelee unter Rühren leicht einkochen. Auf den Rhabarber streichen und alles mit Pistazien bestreuen.

» Für 16–20 Schnecken
» Zubereitungszeit: 40–50 Minuten
» Gehzeiten: 1½–2 Stunden
» Ruhezeit: 3 Stunden
» Backzeit: 20 Minuten

Für die Füllung
600 g junge Rhabarberstangen
3 EL Zucker
1 Päckchen Mandel- oder Vanille-Puddingpulver
500 ml Milch
300 g TK-Heidelbeeren

Für den Teig
480 g Mehl plus Mehl für die Arbeitsfläche
30 g frische Hefe
90 g Zucker
120 ml handwarme Milch, evtl. etwas mehr
1 Prise Salz
2 Eier
90 g weiche Butter in Stückchen

Für die Glasur
6 EL Bitterorangen-Marmelade

Heidelbeer-Rhabarber-Schnecken

Wir lieben diese kleinen Schnecken zum Frühstück. Und zu einem Brunch-Büffet gehören sie unbedingt dazu!

1 Für die Füllung den Rhabarber in 1 cm große Stücke schneiden, mit Zucker mischen und 3 Stunden stehen lassen. Das Puddingpulver nach Packungsangabe zubereiten und abkühlen lassen.

2 Für den Vorteig 4 EL Mehl in eine Schüssel sieben. Hefe hineinbröseln, mit 1 EL Zucker und so viel Milch gut verrühren, dass ein flüssiger Brei entsteht. Abdecken und 20–30 Minuten an einem warmen Ort ruhen lassen.

3 Den Vorteig mit den restlichen Teigzutaten zu einem glatten Teigkloß verarbeiten. Eventuell etwas mehr Mehl oder Milch einarbeiten. Zudecken und ca. 50 Minuten gehen lassen.

4 Den Teig auf einer bemehlten Fläche kurz durchkneten. Zu einem ca. ½ cm dicken Rechteck ausrollen und gleichmäßig mit der Puddingmasse bestreichen – dabei rundum einen Rand von ca. 2 cm lassen. Den abgetropften Rhabarber und die Heidelbeeren auf der Puddingschicht verteilen.

5 Zwei Backbleche mit Backpapier auslegen. Den Teig behutsam aufrollen und mit einem großen, scharfen Messer in 2 cm dicke Scheiben schneiden. Die Schnecken mit etwas Abstand auf die Bleche legen und abgedeckt 20–30 Minuten gehen lassen. Den Ofen auf 200 °C (180 °C Umluft) vorheizen und die Schnecken 16–20 Minuten backen.

6 Für die Glasur die Marmelade erhitzen und glattrühren. Die noch warmen Schnecken damit überziehen.

Mein Tipp
Statt der Orangenmarmelade kann auch Erdbeer- oder Aprikosenkonfitüre für die Glasur verwendet werden.

- » Für 6 Portionen
- » Zubereitungszeit: 40–50 Minuten
- » Abkühl- und Gefrierzeiten: mehrere Stunden

250 g Rhabarber
3 EL Orangensaft
110 g Zucker
30 g weiße Kuvertüre

3 Eigelb (Größe M)
250 g Sahne
250 g frische Früchte (z. B. Orangenfilets, Erdbeeren oder Himbeeren)

2 TL brauner Zucker
6 Walnusskerne

Parfait mit karamellisierten Walnüssen

Parfaits sind eine herrliche Eiskreation für alle, die keine Eismaschine besitzen, denn es muss beim Gefrieren nicht gerührt werden.

1 Den Rhabarber putzen, schälen und in 1 bis 2 cm lange Stücke schneiden. Zusammen mit Orangensaft und 50 g Zucker in einem Topf 10–15 Minuten weich kochen. Vollständig abkühlen lassen.

2 Die Kuvertüre hacken, im Wasserbad – eine Rundschüssel auf einen Topf mit heißem Wasser setzen – bei mäßiger Temperatur langsam schmelzen und zur Seite stellen. Eigelb mit den restlichen 60 g Zucker im Wasserbad zu einem dicken Schaum aufschlagen. Herunternehmen und einige Minuten rühren, die Masse soll etwas abkühlen.

3 Die Sahne steif schlagen. Erst Kuvertüre und Rhabarber unter die Eimasse ziehen, dann die Sahne behutsam unterheben. Eine Metall-Kastenform von 850 ml Inhalt mit Klarsichtfolie auslegen. Die Parfaitmasse einfüllen und über Nacht in die Tiefkühlung stellen.

4 Die Walnusskerne grob hacken. Den Zucker mit 1 EL Wasser in einer Pfanne erhitzen, bis er flüssig und goldgelb wird. Die Walnusskerne zufügen und mit dem Zucker verrühren. Die Nüsse auf Backpapier verteilen und abkühlen lassen. Das Parfait stürzen und die Folie abziehen. In Scheiben schneiden und mit dem Obst auf Desserttellern anrichten. Mit den Nüssen bestreuen.

Mein Tipp
Die ideale Schmelztemperatur der Kuvertüre liegt bei 45 °C, die Abkühltemperatur (Schritt 2) liegt bei 26–28 °C. Beim Schmelzen unbedingt darauf achten, dass kein Wasser in die Schokolade gerät.

- » Für 4 Portionen
- » Zubereitungszeit: 25–30 Minuten
- » Kühlzeit: 1 Stunde

750 g Rhabarber
160 g Zucker
500 g Himbeeren (TK-Ware)
abgeriebene Schale von 1 unbehandelten Limette
5 TL Batida de Coco-Likör
250 g Quark (20 % Fett in Tr.)
4 Stücke heller Rührkuchen, ersatzweise 4 Stangen Löffelbiskuit
100 g Sahne

Himbeer-Rhabarber-Trifle

Trifle ist eine englische Süßspeise, die aus Frucht oder Fruchtzubereitung, mit Alkohol getränktem Biskuitkuchen und Schlagsahne besteht. Es sollte immer schön geschichtet in Gläsern serviert werden.

1 Den Rhabarber in 1 cm große Stücke schneiden. In einem Topf einige EL Wasser zum Kochen bringen und den Rhabarber darin 2 Minuten garen. Herausnehmen und abtropfen lassen. Den Rhabarber mit Zucker in der Küchenmaschine pürieren.

2 Die unaufgetauten Himbeeren mit Limettenschale und 2 EL Batida de Coco behutsam vermischen. Die Beeren sollen nicht zerdrückt werden.

3 ⅔ des Rhabarberpürees mit dem Quark mischen. Die Kuchenstücke in Würfel schneiden und mit 2 EL Kokoslikör beträufeln.

4 Alles in folgender Reihenfolge in hohe Dessertgläser schichten: Die Hälfte des Kuchens, die Hälfte des Quarks, alle Himbeeren, restlichen Kuchen und restlichen Quark. Mit Rhabarberpüree abschließen. Zum Durchziehen mindestens 1 Stunde kühl stellen.

5 Die Sahne cremig schlagen, den restlichen EL Kokoslikör zufügen, dann steif schlagen. Auf jedes Trifle eine Sahnehaube setzen.

Mein Tipp
Wer keinen Kokoslikör hat, kann ihn durch Grand Marnier oder einen süßen Sherry ersetzen. Das Trifle auch einmal mit Erdbeeren oder Heidelbeeren probieren.

» Für 6 Portionen
» Zubereitungszeit: 45–50 Minuten
» Kühlzeit: 2–3 Stunden
» Auflaufform

1 kg Rhabarber
12 EL Zucker
5 EL Amaretto (Mandellikör)
3 TL Zucker
3 Eiweiß
6 Eigelb
75 g Zucker
750 g Quark (40 % Fett in Tr.)
300 g Amaretti (italienische Mandelmakronen)
3 EL gehackte Pistazien oder geröstete Mandelblättchen

Mandel-Rhabarber-Tiramisu

Der italienische Klassiker hier ganz frühlingsfrisch – der Genuss bleibt!

1 Den Rhabarber in 1 cm große Stücke schneiden. Mit Zucker in 3 EL Wasser ca. 10 Minuten weich kochen. Von dem Kompott 150 ml Flüssigkeit abnehmen und mit Amaretto mischen. Abkühlen lassen.

2 In der Zwischenzeit Eigelb und Zucker zu einem festen Schaum schlagen. Mit Quark vermischen. Eiweiß steif schlagen und unter die Quarkmischung heben.

3 Die Amaretti nebeneinander in eine Form legen. Den Rhabarber-Amaretto-Saft aufträufeln und alles mit Kompott bedecken. Die Quarkcreme auf das Kompott streichen, mit Pistazien bestreuen und das Tiramisu für 2–3 Stunden kühl stellen.

Mein Tipp
Wegen der rohen Eier sollten Sie dieses Dessert nur gut gekühlt aufbewahren und am Tag der Herstellung verzehren.

» Für 4 Personen
» Zubereitungszeit: ca. 70–80 Minuten

Für den Reis
1 unbehandelte Orange
2 EL Rosinen
1 l Milch
220 g Milchreis
ca. 80 g Zucker
Mark von 1 Vanilleschote

Für den Rhabarber
4–5 dünne, junge Rhabarberstangen, ca. 15 cm lang
2 EL Zucker
2 EL Weißwein
8–10 runde Reisblätter, ca. 21 cm Durchmesser (Asialaden)

Süße Milchreis-Rhabarber-Sushis

Eingehüllt und eingerollt – verführerisch lecker!

1 Für den Reis die Orangenschale mit einem Zestenreißer oder scharfen Messerchen dünn und in sehr feinen Streifen (Zesten) abziehen. Die Rosinen hacken. Die Milch aufkochen und den Reis einrühren. Die Hitze reduzieren, Zucker, Vanillemark, Orangenschale und Rosinen zufügen, fleißig rühren. Nach ca. 20 Minuten ist der Reis gar. Die Reismasse sollte cremig-dicklich und nicht flüssig sein. Erkalten lassen.

2 Die Rhabarberstangen abziehen und längs halbieren. Mit Zucker im Wein 1–2 Minuten weich dünsten. Abtropfen lassen.

3 Die Reisblätter einzeln für ca. 15 Sekunden in einer flachen Schale in warmem Wasser einweichen und in ein feuchtes Tuch schlagen. Ein Reisblatt auf die Arbeitsfläche legen und in die Mitte eine glatte Reisschicht streichen. Es soll ein 2–3 cm breiter Rand frei bleiben. Jeweils 1 Rhabarberstück mittig auf den Reis setzen.

4 Die Reisblätter quer zum Rhabarber aufrollen: Erst von der unteren Seite ein kleines Stück aufrollen, dann von der oberen. Reisblätter rechts und links bis zu den Enden des Rhabarbers einschlagen. Eine Rolle herstellen. Die fertigen Rollen bis zum Servieren mit einem feuchten Tuch bedecken. Zum Servieren in sushigroße Portionen schneiden.

Mein Tipp
Zum Dippen ein Püree aus 200 g Erdbeeren, 1 EL Puderzucker und 1 Spritzer Zitronensaft anbieten.

» Für 2 Gläser à 500 ml
» Zubereitungszeit: 15 Minuten
» Saftgewinnung: 10 Stunden

700 g Rhabarber
400 ml Maracujasaft
1 Zimtstange
1 kg Gelierzucker 1:1
evtl. 10 g Ingwer

Maracuja-Rhabarber-Gelee

Mit diesem Gelee werden Sie Herzen gewinnen.

1 Den Rhabarber in kleine Stücke schneiden und in 3 EL Wasser sehr weich kochen. Den Brei über Nacht durch ein mit einem Geschirrtuch ausgelegtes Sieb abtropfen lassen. Die zurückbleibende Masse im Tuch noch einmal kräftig auspressen. 400 ml Saft abmessen.

2 Rhabarber- und Maracujasaft mit Gelierzucker und Zimtstange in einem Topf zum Kochen bringen. Wer mag, kann auch noch ein Stück Ingwer mitkochen.

3 Die Saftmischung 4 Minuten sprudelnd kochen lassen. Den Zimt (und gegebenenfalls auch den Ingwer) entfernen und die heiße Flüssigkeit in heiß ausgespülte Gläser füllen. Die Gläser sofort verschließen und das Gelee abkühlen lassen.

Mein Tipp
Und so macht man aus Rhabarber einen süßen Saft, den man zum Trinken noch mit Wasser verdünnen kann: Den Rhabarber wie oben beschrieben sehr weich kochen und abtropfen lassen. Dann je Liter Saft 250 bis 300 g Zucker und 1 Liter Wasser zufügen und 5 Minuten aufkochen. In Flaschen füllen und verschließen.

» Ergibt ca. 1,2 Liter
» Zubereitungszeit: 40 Minuten
» Kühlzeit: 2 Stunde

500 g Rhabarber, möglichst rotstielig
250 g Erdbeeren
1 Vanilleschote
8–10 EL Agavendicksaft oder Honig, evtl. etwas mehr
2–3 Zweige Zitronenmelisse plus einige Blättchen für die Garnitur

Erdbeer-Rhabarber-Limonade

Diese Limo ist ein Familienklassiker beim Kindergeburtstag im Juni.

1 Den Rhabarber in 1 cm große Stücke schneiden. Die Erdbeeren je nach Größe halbieren oder vierteln. Die Vanilleschote längs aufschneiden und das Mark ausschaben.

2 Rhabarber, Erdbeeren, Vanilleschote und -mark in einen Topf geben, mit 1 l Wasser auffüllen und den Agavendicksaft zufügen. Einmal aufkochen und bei aufgelegtem Deckel 15–20 Minuten sanft köcheln lassen. Die Zitronenmelisse 5 Minuten vor Ende der Kochzeit zufügen.

3 Den Sirup abkühlen lassen und mit der Vanilleschote im Mixer sehr fein pürieren. Durch ein mit einem Geschirrtuchtuch ausgelegtes Sieb filtern. Nach Belieben nachsüßen und kühl stellen.

4 Etwas Sirup in Gläser geben und mit kaltem Mineralwasser aufgießen. Eiswürfel zufügen und einen Trinkhalm einstecken. Mit Zitronenmelisse dekorieren und schon ist die Limo fertig!

Mein Tipp
Einen kleinen Schuss dieses Sirups mit trockenem Sekt auffüllen – und schon hat man einen originellen Begrüßungsdrink!

» Für 6 Portionen
» Zubereitungszeit: 20–25 Minuten

500 g Rhabarber
50 g Butter
½ Zimtstange
1 TL Madras Curry
Pfeffer aus der Mühle
1 EL Himbeeressig
3–4 EL Rotwein
2 EL Johannisbeergelee
Salz
6 Portionen Stremellachs (heiß geräucherter Lachs)

Stremellachs mit Rhabarber-Currysauce

Für Stremellachs werden Streifen (norddeutsch „Stremel“) von Lachs oder Lachsforellen heiß geräuchert - so bekommt der Fisch ein ganz besonderes Aroma.

1 Den Rhabarber in 1 cm große Stücke schneiden und in 1 EL Butter anbraten. Die Zimtstange zufügen, Currypulver einrühren und pfeffern. Mit Essig und Rotwein ablöschen. 5 Minuten köcheln lassen.

2 Die Zimtstange entfernen, das Johannisbeergelee zufügen und behutsam salzen (der Fisch kann leicht salzig sein). Die restliche Butter einrühren und alles noch einmal abschmecken.

3 Den Stremellachs ca. 5 Minuten im Backofen bei 80–100 °C erwärmen, auf Tellern verteilen und mit der Sauce servieren.

Mein Tipp
Die Sauce ist auch eine reizvolle Ergänzung zu gebratenem Fleisch, wie Entenbrust oder Lamm oder zu geräuchertem Schweinefleisch.

» Für 1 mittelgroßes Schraubglas
» Zubereitungszeit: 20 Minuten

100–150 g Kräuter für grüne Sauce (siehe Tipp)
100 g Rhabarber
50 g gemahlene Mandeln
80 g geriebener Parmesankäse
100–150 ml Walnussöl
Salz
evtl. 1 TL Ahornsirup oder Agavendicksaft

Pesto mit Grüne-Sauce-Kräutern

Wer dieses Pesto einmal probiert hat, der wird nie mehr ein gekauftes Pesto auf den Tisch stellen.

1 Die Kräuter mit dem Rhabarber im Mixer pürieren, das Püree mit Mandeln und Parmesankäse mischen. Mit Salz und – nach Belieben – Ahornsirup abschmecken. Nach und nach das Walnussöl einrühren.

2 Das Pesto in das Glas füllen und zum Schluss einen Spiegel Walnussöl aufgießen, der nach jeder Entnahme erneuert werden soll. Das Öl verbessert die Haltbarkeit.

3 Das Pesto schmeckt zu Pasta, hellem gebratenem Fleisch, als Dip- und Dressinggrundlage oder als Brotaufstrich.

Mein Tipp
Die berühmte hessische grüne Sauce, landläufig Grie Soß genannt, besteht meist aus Borretsch, Kerbel, Kresse, Petersilie, Pimpinelle, Sauerampfer und Schnittlauch. Man bekommt die Kräuter manchmal fertig abgepackt auf Märkten. Oder man stellt sie sich in beliebiger Mischung selbst zusammen.

Zarte Blüten: *Holunder*

» Für 6 Stücke
» Zubereitungszeit: 30 Minuten
» Backzeit: 10 Minuten
» Kühldauer: 3–4 Stunden

» Springform, Ø 26 cm

Für den Boden
220 g Mehl
1 Eigelb (Größe M)
50 g Puderzucker
1 Prise Salz
110 g kalte Butter in kleinen Stücken

Für die Füllung
8 Blätter Gelatine
4 Eigelbe (Größe M)
250 ml Holunderblütensirup
200 ml Weißwein
300 g Schlagsahne

Für das Erdbeergelee
6 Blätter Gelatine
500 g Erdbeeren
50 ml Holunderblütensirup

Erdbeer-Holunder-Tarte

1 Für den Mürbeteig das Mehl auf eine Arbeitsfläche geben und eine kleine Mulde in die Mitte drücken. Eigelb, Puderzucker, Salz und die kalte Butter dazugeben. Alles zu einem gleichmäßigen Teig verarbeiten und in Klarsichtfolie gewickelt mindestens 1 Stunde im Kühlschrank ruhen lassen.

2 Den Backofen auf 200 °C (Umluft 175 °C) vorheizen. Den Teig auf die Größe der Springform ausrollen und gleichmäßig auf den mit Backpapier belegten Boden verteilen. Mit einer Gabel mehrmals einstechen und im Ofen etwa 10 Minuten backen, bis der Teig hellbraun ist.

3 Für die Füllung die Gelatine in kaltem Wasser einweichen. Die Eigelbe mit 250 ml Holunderblütensirup und dem Weißwein verrühren. Über einem Topf mit leicht simmerndem Wasser in einer ausreichend großen Schüssel solange mit einem Teigschaber rühren, bis die Masse eine cremige Konsistenz bekommt. Dabei darauf achten, dass die Masse nicht zu heiß wird, da das Eigelb sonst gerinnt. Wenn die Masse die gewünschte Konsistenz erreicht hat, die Schüssel sofort in kaltes Wasser stellen und eine Minute weiterrühren.

4 Die Gelatine gut ausdrücken und in der noch warmen Masse vollständig auflösen.

5 Die Creme im Kühlschrank unter gelegentlichem Rühren so lange kühlen, bis sie anfängt zu gelieren. Währenddessen die Sahne steif schlagen. Wenn die Creme zu gelieren beginnt, die Sahne mit einem Schneebesen vorsichtig unterheben und die Masse auf dem Tarteboden verteilen. Im Kühlschrank 2 Stunden fest werden lassen.

6 Für das Erdbeergelee die Gelatine in kaltem Wasser einweichen. Die Erdbeeren waschen, entstielen und 100 g beiseite stellen. Den Rest mit 50 ml Holunderblütensirup mit dem Stabmixer pürieren und durch ein feines Sieb streichen.

7 Die Gelatine gut ausdrücken, mit 3 EL Erdbeerpüree bei geringer Hitze auflösen und unter das restliche Püree rühren. Die Masse auf der Torte verteilen und nochmals mindestens 30 Minuten im Kühlschrank fest werden lassen.

8 Die restlichen Erdbeeren halbieren, die Torte vorsichtig aus der Form lösen und mit den Erdbeeren garnieren.

» 6 Dessertringe,
7 cm Durchmesser, Höhe 6 cm

» Für 6 Portionen
» Zubereitungszeit: 30 Minuten
» Backzeit: 10 Minuten
» Kühldauer: 3–4 Stunden

Für den Biskuit
4 Eier (Größe M)
150 g Zucker
Salz
100 g Mehl
1 Päckchen Vanillepuddingpulver
1 Päckchen Vanillezucker
50 g Butter
2 EL Milch

Für die Holundercreme
4 Blätter Gelatine
250 g Magerquark
150 g Sahne
Schalenabrieb von 1 Bio-Zitrone
80 ml Holunderblütensirup

Für das Holundergelee
4 Blätter Gelatine
80 ml Holunderblütensirup
120 ml Weißwein

Holundercremetörtchen

Diese Minitörtchen passen eigentlich immer, wenn Sie jemanden verwöhnen wollen.

1 Den Backofen auf 180 °C (Umluft 160 °C) vorheizen. Für den Biskuit die Eier trennen, die Eiweiße schlagen, dabei Zucker und eine Prise Salz einrieseln lassen und weiterschlagen, bis ein steifer Schnee entsteht.

2 Mehl, Puddingpulver und Vanillezucker vermengen. Die Butter bei niedriger Hitze schmelzen, mit der Milch verrühren und zusammen mit den Eigelben und der Mehl-Puddingpulver-Mischung unter die Eiweißmasse heben.

3 Den Teig auf ein mit Backpapier belegtes Backblech legen und im Ofen etwa 10 Minuten backen. Den fertigen Biskuitboden auf einem Kuchengitter auskühlen lassen.

4 Für die Creme die Gelatine in kaltem Wasser einweichen. Den Quark schaumig schlagen, die Sahne einrühren und die Mischung steif schlagen. Die Zitronenschale mit der Hälfte des Sirups vorsichtig in die Creme rühren.

5 Die Gelatine gut ausdrücken und mit dem restlichen Sirup und 1 EL der Quarkmasse leicht erwärmen, die Gelatine vollständig auflösen und vorsichtig unter die Creme heben. Im Kühlschrank kühlen, bis die Masse zu gelieren beginnt.

6 In der Zwischenzeit mit den Dessertringen zwölf Kreise aus dem Biskuitboden stechen. Die Dessertringe auf ein frisches Backpapier stellen und je einen Kreis als Boden hineinlegen. Die gelierende Masse gleichmäßig auf alle Ringe verteilen und im Kühlschrank etwa 2 Stunden komplett fest werden lassen.

7 Für das Gelee die Gelatine in kaltem Wasser einweichen. Die weiche Gelatine gut ausdrücken, in der Hälfte des Sirups erwärmen und vollständig auflösen. Mit dem Weißwein und dem restlichen Sirup verrühren, dabei möglichst keine Luft einarbeiten. Das Gelee im Kühlschrank kühlen, bis es anfängt zu gelieren.

8 In der Zwischenzeit die restlichen Biskuitkreise als Deckel auf die Creme setzen. Das angedickte Gelee auf die Törtchen verteilen und nochmals im Kühlschrank 1 Stunde fest werden lassen. Dann die Törtchen vorsichtig aus der Form lösen.

» Für 4 Portionen
» Zubereitungszeit: 20 Minuten
» Gefrierdauer: 4 Stunden

5 Holunderblütendolden
2 Blätter Gelatine
100 ml Orangensaft
50 ml Zitronensaft
100 g Zucker
4 Zweige Minze
500 g Erdbeeren

Erdbeer-Holunder-Sorbet mit Minze

Dieses Sorbet ist auch als Zwischengang für ein festliches Sommermenü geeignet.

1 Die Holunderblüten von den groben Stielen zupfen. Die Gelatineblätter in kaltem Wasser einweichen.

2 Orangen- und Zitronensaft mit Zucker, Holunderblüten und den Minzezweigen auf etwa 50 °C erwärmen, durch ein feines Sieb passieren und die ausgedrückte Gelatine darin auflösen.

3 Die Erdbeeren von den Stielen befreien, mit einem Stabmixer fein pürieren und mit der Gelatine-Saft-Mischung verrühren. Die Mischung in die Eismaschine geben und nach Gerätevorgabe gefrieren lassen.

Mein Tipp
Sorbet kann auch ohne Eismaschine zubereitet werden. Dazu wird die Masse in einem flachen Gefäß in der Tiefkühltruhe eingefroren. Wichtig ist dabei, die Masse etwa alle 30 Minuten mit einer Gabel zu zerschaben, bis sie ganz durchgefrostet ist.

- » Für 3 Schraubgläser à 500 ml
- » Zubereitungszeit: 20 Minuten
- » Ziehdauer: 1 Stunde

20 Dolden Holunderblüten
720 g Gelierzucker 1:1
360 ml Zitronensaft

Holunderblüten-Zitronengelee

Dieses Gelee schmeckt köstlich auf Baguette, Croissant oder zu Käse.

1 Die Holunderblüten abzupfen, in einem Topf mit Gelierzucker, Zitronensaft und 600 ml kaltem Wasser vermengen und 1 Stunde ziehen lassen.

2 Die Zitronensaft-Zucker-Blüten-Mischung unter Rühren mindestens 3 Minuten sprudelnd kochen.

3 Das Ganze durch ein Sieb passieren und sofort in ausgekochte, saubere Schraubgläser füllen und fest verschließen. Die Gläser 10 Minuten auf den Kopf stellen, umdrehen und das Gelee mindestens 24 Stunden auskühlen lassen.

Mein Tipp
Bei der Verwendung von Gelierzucker sollte unbedingt auf das Mindesthaltbarkeitsdatum geachtet werden, da das Pektin mit der Zeit seine Gelierkraft verliert.

» Für 500 ml
» Zubereitungszeit: 10 Minuten
» Kühldauer: 30 Minuten

500 g Blütenhonig
2 EL Zitronensaft
5 Dolden Holunderblüten

Holunderblütenhonig

Ich nehme diesen wunderbaren Honig zum Süßen von Tee, auf Pfannkuchen und natürlich auch fürs Frühstücksbrötchen.

1 100 g Honig mit Zitronensaft und den abgezupften Holunderblüten 3–5 Minuten kochen und etwas abkühlen lassen.

2 Dann den restlichen Honig zugeben, gut verrühren und in das Honigglas füllen.

Mein Tipp
Durch Zubereitung mit cremigem Honig steigen die Blüten anschließend nicht an die Oberfläche. Holunderblütenhonig ist sehr lange haltbar, mindestens bis zur nächsten Hollerblüte.

» Für 4 Portionen
» Zubereitungszeit: 30 Minuten

2 Eier (Größe M)
5 Stängel Zitronenverbene
220 g Mehl
200 ml Holunderblütensirup (Sie können auch den Sirup von Seite 86 nehmen)
1 Prise Salz
12 Dolden Holunderblüten
1 ½ l Frittierfett
Puderzucker

Ausgebackene Holunderblüten

Mit einer Kugel Vanilleeis serviert, ist dieses Dessert ein tolles Spiel aus warm und kalt.

1 Die Eier trennen und die Eiweiße kalt stellen. Die Blätter der Zitronenverbene fein hacken, mit Mehl und Eigelben verrühren.

2 Den Holunderblütensirup mit 150 ml Wasser mischen, verrühren und nach und nach in die Mehl-Eigelb-Mischung einrühren, sodass ein glatter Teig entsteht.

3 Die Eiweiße mit dem Salz steif schlagen und vorsichtig unter den Teig heben. Das Fett in die Fritteuse geben und auf 160 °C erhitzen.

4 Die Dolden durch den Teig ziehen und überflüssigen Teig gut abschütteln. In der Fritteuse goldbraun backen. Die Hollerkücherl (so nennen wir sie in Bayern) auf Küchenpapier abtropfen lassen, mit Puderzucker bestäuben und noch warm servieren.

Mein Tipp
Zitronenverbene ist ein sehr vielseitiges Kraut. Probieren Sie sie doch auch mal als erfrischenden Sommertee: Die Blätter mit kochendem Wasser aufgießen, 10 Minuten ziehen lassen, kühlen und mit Apfelsaft und Mineralwasser mischen.

» Für ca. 2,8 Liter
» Zubereitungszeit: 15 Minuten
» Ziehdauer: 2 Tage

2 kg Zucker
40 g Zitronensäure
6 unbehandelte Limetten
20 Dolden Holunderblüten
1 Bund Minze
1 Bund Zitronenverbene
1 Bund Zitronenmelisse

Holunderblüten-Kräutersirup

Der Sirup schmeckt köstlich mit kaltem Wasser aufgefüllt, er ist ideal zum Süßen von Obstsalaten und passt vorzüglich zu Erdbeergerichten.

1 Zucker und Zitronensäure in 1,5 l warmem Wasser auflösen. Die Limetten mit heißem Wasser abwaschen und trocken reiben. 1 Limette auspressen, die restlichen Limetten in Scheiben schneiden.

2 Die Holunderblüten abzupfen. Limettensaft und -scheiben mit den Kräuterbünden und den Holunderblüten zum Wasser geben. Alles gut verrühren und 2 Tage an einem warmen Ort, z. B. an einem sonnigen Fenster, ziehen lassen.

3 Den Sirup durch ein feines Tuch passieren, in saubere Flaschen füllen und an einem kühlen, dunklen Ort lagern. Nach zwei Tagen können Sie mit einem Löffel den feinen Blütenstaub, der sich oft an der Oberfläche sammelt, entfernen.

Mein Tipp
Der Sirup hält kühl gelagert (z. B. im Keller oder Kühlschrank) mindestens 6 Monate.

- » Für 4 Portionen
- » Zubereitungszeit: 20 Minuten
- » Ziehdauer: 6 Stunden
- » Gefrierdauer: 1 Tag

10 Dolden Holunderblüten
½ Bund Zitronenverbene
½ Bund Zitronenmelisse
½ Bund Minze
110 g Zucker
Saft von 1 Zitrone
450 ml Weißwein
5 Blätter Gelatine

Kräutersorbet mit Holunderblüten

Mit diesem Sorbet habe ich schon Charles Bronson begeistern können!

1 Die Holunderblüten abzupfen und die Kräuter grob hacken. Beides mit Zucker, Zitronensaft und 250 ml Wein bei Zimmertemperatur 6 Stunden ziehen lassen.

2 Die Gelatine in kaltem Wasser einweichen. Den Holunderblüten-Kräuteransatz durch ein Sieb passieren.

3 Den restlichen Weißwein erwärmen, die ausgedrückte Gelatine darin auflösen und mit 80 ml Wasser in den Holunderblüten-Kräuteransatz rühren.

4 Das Ganze in die Eismaschine geben und nach Geräteangabe gefrieren. Wenn Sie keine Eismaschine haben, geben Sie die Masse in eine flache Form und stellen Sie sie ins Gefrierfach. Sie müssen dann aber die Masse etwa alle 30 Minuten mit einer Gabel verrühren, bis sie durchgefroren ist.

Mein Tipp
Sie können auch ein Sorbet aus 450 ml fertigem Holunderblütensirup, 450 ml Weißwein und 5 Blättern Gelatine zubereiten. Aber mit selbst gemachtem Sirup zubereitet schmeckt es deutlich besser, da der Holundersirup hier ohne Zitronensäure hergestellt ist. So ist er aber nicht lange haltbar.

» Für 4 Gläser
» Zubereitungszeit: 10 Minuten

4 Zweige Minze
80 ml Holunderblütensirup
2 unbehandelte Limetten
Eiswürfel
400 ml kalten Sekt
200 ml kaltes Mineralwasser

Hugo

Heiß geliebt und eiskalt serviert.

1 Die Minzeblättchen von den Zweigen zupfen. Holunderblütensirup und Minzeblätter auf die Gläser verteilen und 10 Minuten ziehen lassen.

2 Die mit heißem Wasser abgewaschenen und abgetrockneten Limetten in Scheiben schneiden, mit einigen Eiswürfeln zum Sirup geben und mit Sekt und Mineralwasser auffüllen.

Mein Tipp
Statt Minze eignet sich auch Zitronenverbene oder -melisse.

» Pfanne, 24 cm Durchmesser

» Für 4 Portionen
» Zubereitungszeit: 15 Minuten
» Ruhezeit: 30 Minuten

2 Eier (Größe M)
200 ml Kokosmilch
100 ml Holunderblütensirup
125 g Mehl

80 g Kokosraspel
1 Prise Salz
60 g Butter
100 g Erdbeerkonfitüre

Kokospfannkuchen

In meiner Familie sind Pfannkuchen zum Sonntagsfrühstück Tradition. Diesen werden Sie lieben!

1 Die Eier trennen und die Eiweiße kalt stellen. Die Eigelbe mit Kokosmilch und Holunderblütensirup vermengen. Nach und nach in das Mehl einrühren, sodass ein glatter Teig entsteht.

2 Die Kokosraspel einrühren und den Teig 30 Minuten ruhen lassen.

3 In der Zwischenzeit die kalten Eiweiße mit Salz steif schlagen und vorsichtig unter den Teig heben.

4 Die Hälfte der Butter bei mittlerer Hitze in einer Pfanne schmelzen lassen. Die Hälfte des Teiges in die Pfanne geben, bei geringer Hitze goldbraun braten, wenden und fertig durchbacken.

5 Mit dem restlichen Teig genauso verfahren. Die Pfannkuchen in Spalten schneiden und mit Erdbeerkonfitüre servieren.

Mein Tipp
Je frischer und kälter das Eiweiß ist, desto besser lässt es sich steif schlagen.

» Für 4 Portionen
» Zubereitungszeit: 15 Minuten

6 Holunderblütendolden
4 EL Zitronensaft
2 TL Zucker
3 TL mittelscharfer Senf
1 frisches Eigelb
8 EL Sonnenblumenöl
400 g Blattsalate
500 g Eismeergarnelen (Shrimps), geschält und gekocht
Salz

Shrimpssalat mit Holunderblüten-Mayonnaise

Mayonnaise selbst zu machen ist immer eine lohnende Sache. Achten Sie darauf, dass alle Zutaten dafür die gleiche Temperatur haben.

1 Die Holunderblüten von den Stielen zupfen.

2 Zitronensaft, Zucker, Senf, Eigelb und Öl in einen hohen Becher geben und mit einem Stabmixer zu einer Mayonnaise verquirlen. Sollte sie etwas zu dick sein, 1 bis 2 TL Wasser untermixen.

3 Die Holunderblüten unterrühren und mit Salz abschmecken.

4 Den Salat waschen, trocknen, zupfen und auf Tellern anrichten. Die abgetropften Shrimps darüber verteilen und mit der Holunderblütenmayonnaise verwenden.

Mein Tipp
Dieser Salat muss wegen des frischen Eigelbs sofort gegessen werden. Sie können für das Dressing natürlich auch eine gute, gekaufte Mayonnaise verwenden.

» Für 4 Portionen
» Zubereitungszeit: 15 Minuten

750 g Tomaten
½ Bund Petersilie
6 Dolden Holunderblüten
1 Vanilleschote
2 EL Speiseöl
600 g Riesengarnelenschwänze (King Prawns), geschält und gekocht
Salz
4 EL Butter
Chiliflocken

Garnelenschwänze mit Tomaten

Dieses leichte Gericht geht schnell und ist völlig unkompliziert. Es ist ideal für einen warmen Sommertag.

1 Die Tomaten über Kreuz mit einem scharfen Messer anritzen, etwa 10 Sekunden in kochendes Wasser geben, herausheben, sofort mit kaltem Wasser abschrecken, dann die Haut abziehen.

2 Anschließend vierteln und die Kerngehäuse entfernen.

3 Die Petersilie waschen und fein hacken. Die Holunderblüten abzupfen, das Mark aus der Vanilleschote kratzen.

4 Das Öl in einer Pfanne erhitzen, die Garnelenschwänze darin je nach Größe etwa 5 Minuten anbraten, mit etwas Salz würzen und aus der Pfanne nehmen.

5 Die Butter in der Pfanne schmelzen, die restlichen Zutaten hineingeben und unter Schwenken kurz erhitzen. Die Garnelen wieder zugeben und alles mit Salz und Chiliflocken abschmecken.

Mein Tipp
Reichen Sie knuspriges Baguette zu diesem leckeren Essen.

» Für 3 Schraubgläser à 250 ml
» Zubereitungszeit: 30 Minuten

1 EL Koriandersamen
1 EL helle Senfsamen
400 g junger Rhabarber
2 Gemüsezwiebeln
2 EL Sonnenblumenöl
200 ml Weißweinessig
400 g Zucker
2 TL Salz
6 Dolden Holunderblüten

Rhabarberchutney mit Holunderblüten

Dieses Chutney ist auch ein wunderbares Geschenk für Feinschmecker.

1 Koriander- und Senfsamen in einer Pfanne ohne Fett etwas anrösten, herausnehmen und beiseite stellen.

2 Den Rhabarber waschen und die Zwiebeln schälen. Beides in 1 bis 1,5 cm große Würfel schneiden. Die Zwiebeln bei mittlerer Hitze im Öl glasig anschwitzen, den Rhabarber zugeben und kurz mitschwitzen.

3 Bis auf die Holunderblüten alle Zutaten zugeben und unter Rühren aufkochen. Die Hitze reduzieren und etwa 30 Minuten einkochen, bis das Chutney eine sämige Konsistenz hat, dabei gelegentlich umrühren.

4 In der Zwischenzeit die Holunderblüten abzupfen. Wenn das Chutney die gewünschte Konsistenz hat, die Blüten zugeben, noch einmal kurz aufkochen. Die Pfanne vom Herd nehmen und auskühlen lassen. In Gläser gefüllt hält das Chutney ca. 6 Monate.

Mein Tipp
Dieses Chutney passt hervorragend zu gebratenem Geflügel.

Rezeptverzeichnis nach Kapiteln

Erdbeere

Königliche Cupcakes	12
Knusperbecher mit Schokoborke	14
Süßer Erdbeeraufstrich für Erwachsene	16
Erdbeer-Champagner-Cocktail	18
Erdbeerlikör	18
Windbeutel mit Erdbeerlikör	20
Erdbeersalat mit Likör	22
Erdbeerbowle à la Campari	24
Erdbeerblätterteigtorte	26
Crispy Crumble mit Haselnüssen	28
Erdbeerkaltschale	30
Erdbeerburger	32
Ananas-Erdbeer-Quarktorte	34
Erdbeermousse mit Karamellmandeln	36
Erdbeerpizza	38
Pikanter Cashew-Mozzarella-Salat	40
Salat mit Avocado und Hähnchenbrust	42
Erdbeerrelish	44

Rhabarber

Zarte Eclairs mit Rhabarbersahne	48
Rhabarber-Kokos-Tarte	50
Rhabarberkuchen mit Vanillecreme	52
Heidelbeer-Rhabarber- Schnecken	54
Parfait mit karamellisierten Walnüssen	56
Himbeer-Rhabarber-Trifle	58
Mandel-Rhabarber-Tiramisu	60
Süße Milchreis-Rhabarber-Sushis	62
Maracuja-Rhabarber-Gelee	64
Erdbeer-Rhabarber-Limonade	66
Stremellachs mit Rhabarber-Currysauce	68
Pesto mit Grüne-Sauce-Kräutern	70

Holunderblüte

Erdbeer-Holunder-Tarte 74
Holundercremetörtchen 76
Erdbeer-Holunder-Sorbet mit Minze 78
Holunderblüten-Zitronengelee 80
Holunderblütenhonig 82
Ausgebackene Holunderblüten 84
Holunderblüten-Kräutersirup 86
Kräutersorbet mit Holunderblüten 88
Hugo 90
Kokospfannkuchen 92
Shrimpssalat mit
Holunderblüten-Mayonnaise 94
Garnelenschwänze mit Tomaten 96
Rhabarberchutney mit Holunderblüten 98

Alphabetisches Rezeptverzeichnis

Ananas-Erdbeer-Quarktorte 34
Ausgebackene Holunderblüten 84

Crispy Crumble mit Haselnüssen 28

Erdbeerblätterteigtorte 26
Erdbeerbowle à la Campari 24
Erdbeerburger 32
Erdbeer-Champagner-Cocktail 18
Erdbeer-Holunder-Sorbet mit Minze 78
Erdbeer-Holunder-Tarte 74
Erdbeerkaltschale 30
Erdbeerlikör 18
Erdbeermousse mit Karamellmandeln 36
Erdbeerpizza 38
Erdbeerrelish 44
Erdbeer-Rhabarber-Limonade 66
Erdbeersalat mit Likör 22

Garnelenschwänze mit Tomaten 96

Heidelbeer-Rhabarber- Schnecken 54
Himbeer-Rhabarber-Trifle 58
Holunderblütenhonig 82
Holunderblüten-Kräutersirup 86
Holunderblüten-Zitronengelee 80
Holundercremetörtchen 76
Hugo 90

Knusperbecher mit Schokoborke 14
Kokospfannkuchen 92
Königliche Cupcakes 12
Kräutersorbet mit Holunderblüten 88

Mandel-Rhabarber-Tiramisu 60
Maracuja-Rhabarber-Gelee 64

Parfait mit karamellisierten Walnüssen 56
Pesto mit Grüne-Sauce-Kräutern 70
Pikanter Cashew-Mozzarella-Salat 40

Rhabarber-Kokos-Tarte 50
Rhabarberchutney mit Holunderblüten 98
Rhabarberkuchen mit Vanillecreme 52

Salat mit Avocado und Hähnchenbrust 42
Shrimpssalat mit
Holunderblüten-Mayonnaise 94
Stremellachs mit Rhabarber-Currysauce 68
Süße Milchreis-Rhabarber-Sushis 62
Süßer Erdbeeraufstrich für Erwachsene 16

Windbeutel mit Erdbeerlikör 20

Zarte Eclairs mit Rhabarbersahne 48

Die Autoren

Martin Lagoda lebt mit seiner Frau im schönen Hamburg. Als Genussmensch mit der großen Liebe zum Essen hat er in Deutschland bei fast allen einschlägigen Magazinen und Zeitschriften gearbeitet: er war Redakteur beim Magazin „Der Feinschmecker", baute bei „Living at Home" das Food-Ressort mit auf und war Chefredakteur der Zeitschriften „Essen + Trinken", „Schöner essen" sowie „Essen und trinken für jeden Tag". Heute schreibt er als freier Autor für verschiedene Magazine und gibt seine besten Rezepte in Kochbüchern preis. Für dieses Buch hat Martin Lagoda die verführerischen Erdbeer- und Rhabarberrezepte ersonnen.

Karl Newedel ist Koch, Foodstylist, Fotograf und Autor. Er begann seine Laufbahn als Kochlehrling im Hotel Vier Jahreszeiten in München. Nach Jahren in der renommierten Gastronomie mit Stationen in St. Moritz, Bermuda und Indien arbeitete er ab 1982 als Foodstylist und konnte dabei der Elite der Foodfotografen über die Schulter schauen. So entdeckte er seine Liebe zur Fotografie.
1996 eröffnete er sein eigenes Fotostudio in München, in dem bereits zahlreiche, zum Teil national wie international ausgezeichnete Kochbücher entstanden sind. Für dieses Buch hat Karl Newedel alle Rezepte fotografiert und die wunderbaren Speisen des Kapitels Holunderblüte kreiert.

Impressum

1. Auflage

ISBN: 978-3-572-08126-4

UMSCHLAGGESTALTUNG: Atelier Versen, Bad Aibling
BILDREDAKTION: Sabine Kestler
HERSTELLUNG: Elke Cramer
PROJEKTLEITUNG: Anja Halveland
FOTOGRAFIE: Karl Newedel, München
FOODSTYLING: Christian Arsan, Karl Newedel, München
PORTRAITFOTOS: S. 104 links: privat, rechts: Wolfgang Dieminger

REPRODUKTION: Regg Media GmbH, München
DRUCK UND VERARBEITUNG: Mohn Media Mohndruck GmbH, Gütersloh

Printed in Germany

MIX
Papier aus verantwortungsvollen Quellen
FSC® C011124
FSC www.fsc.org

Verlagsgruppe Random House FSC® N001967
Das für dieses Buch verwendete FSC®-zertifizierte Papier
Profimatt wurde produziert von Sappi Ehingen